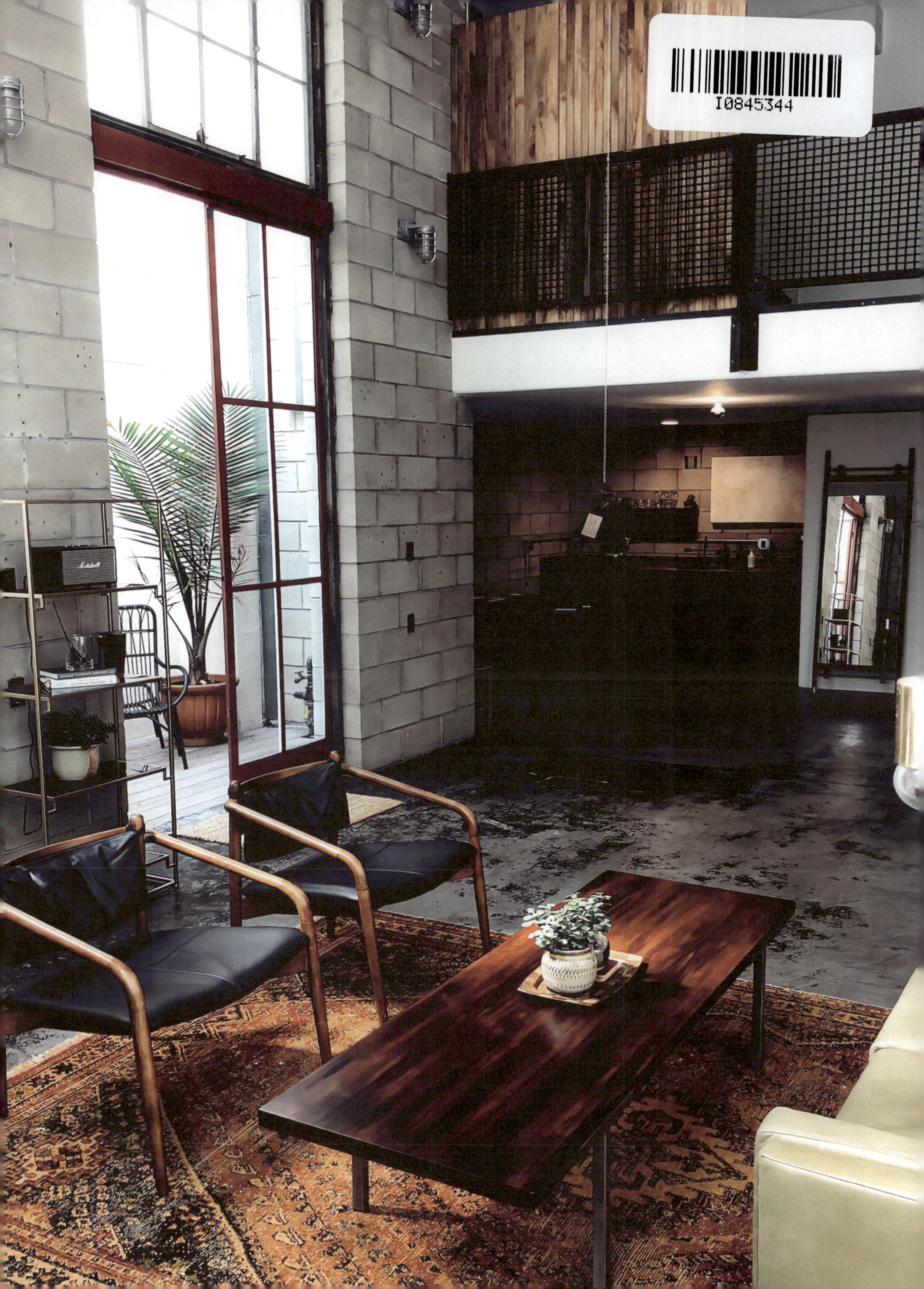

I0845344

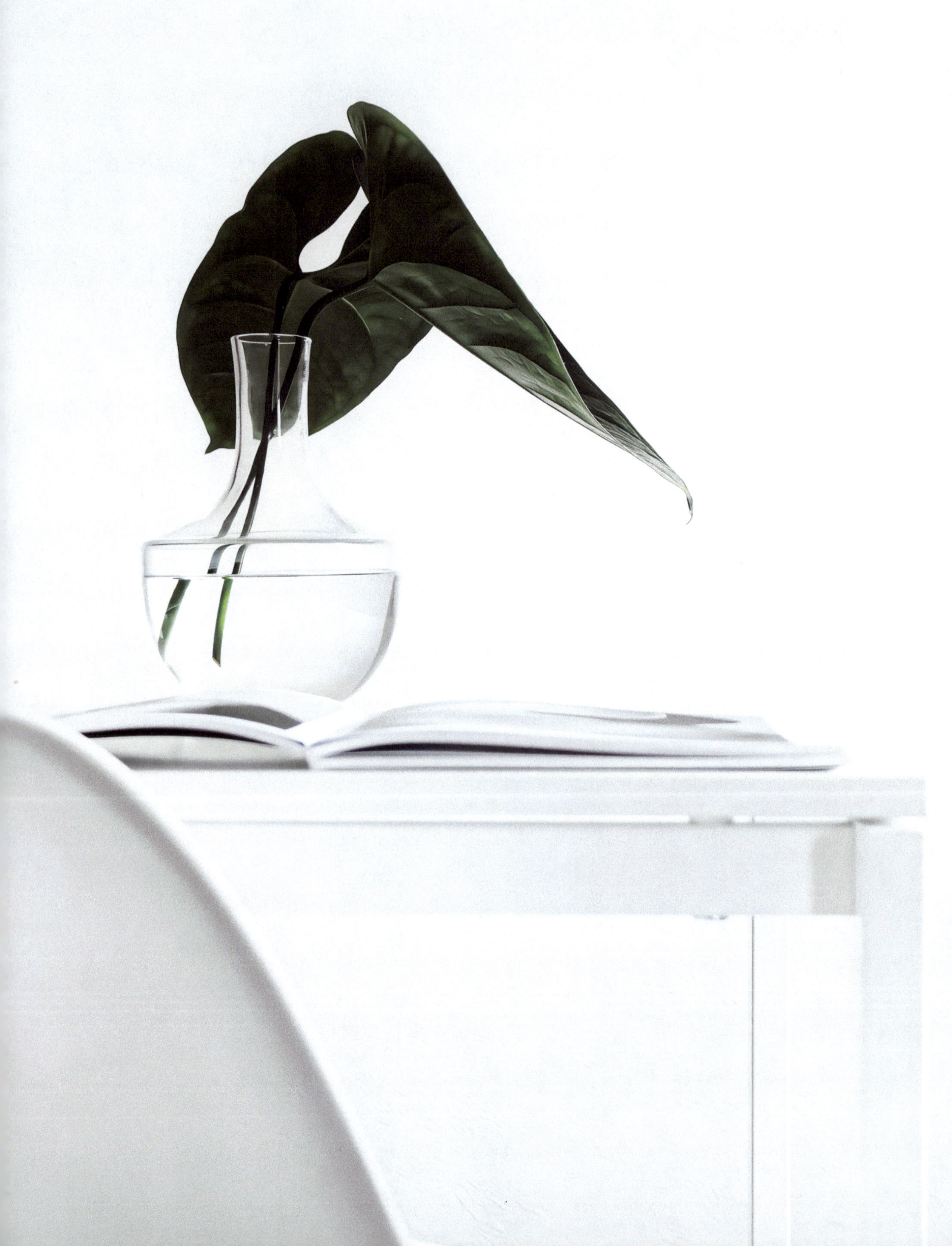

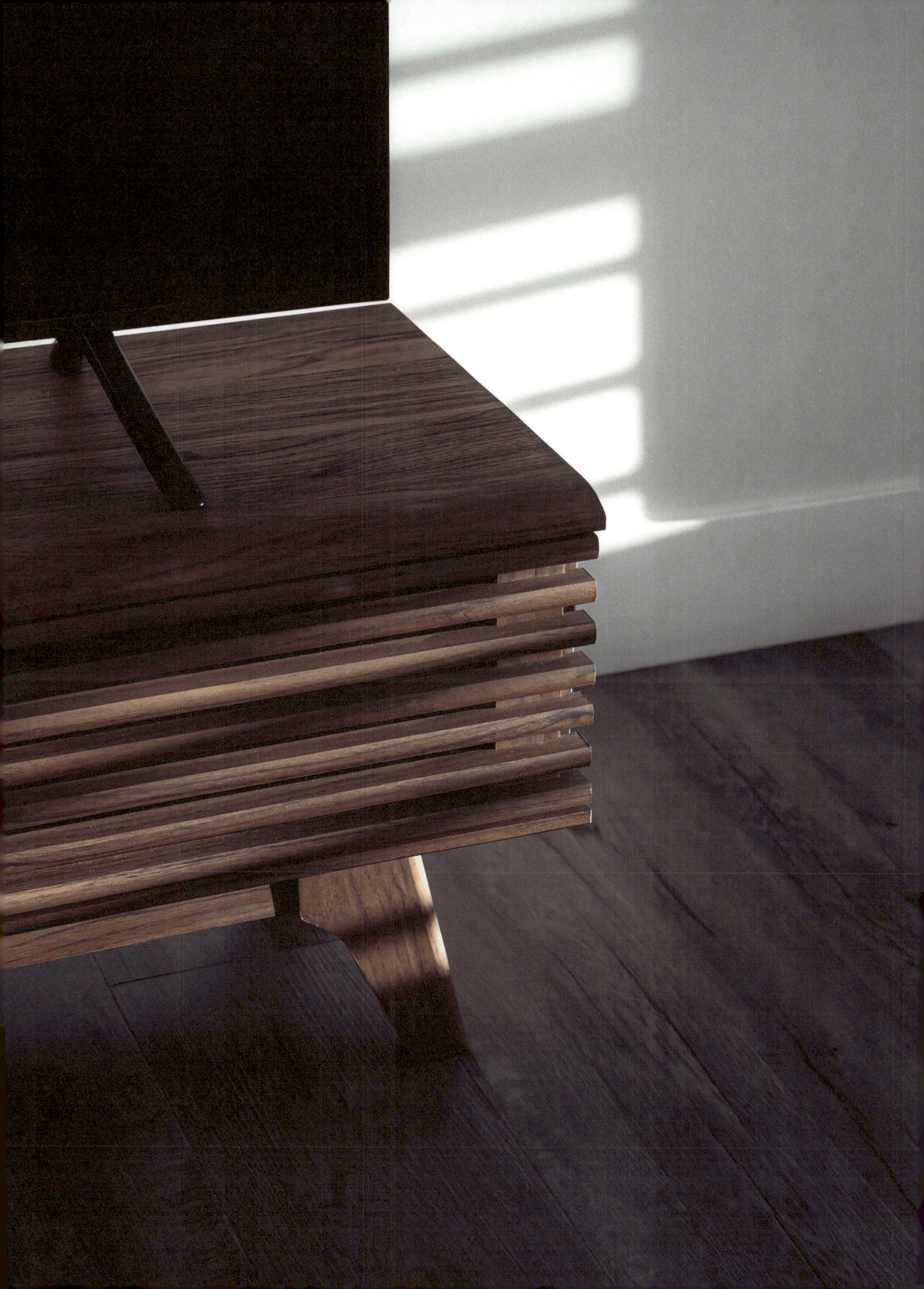

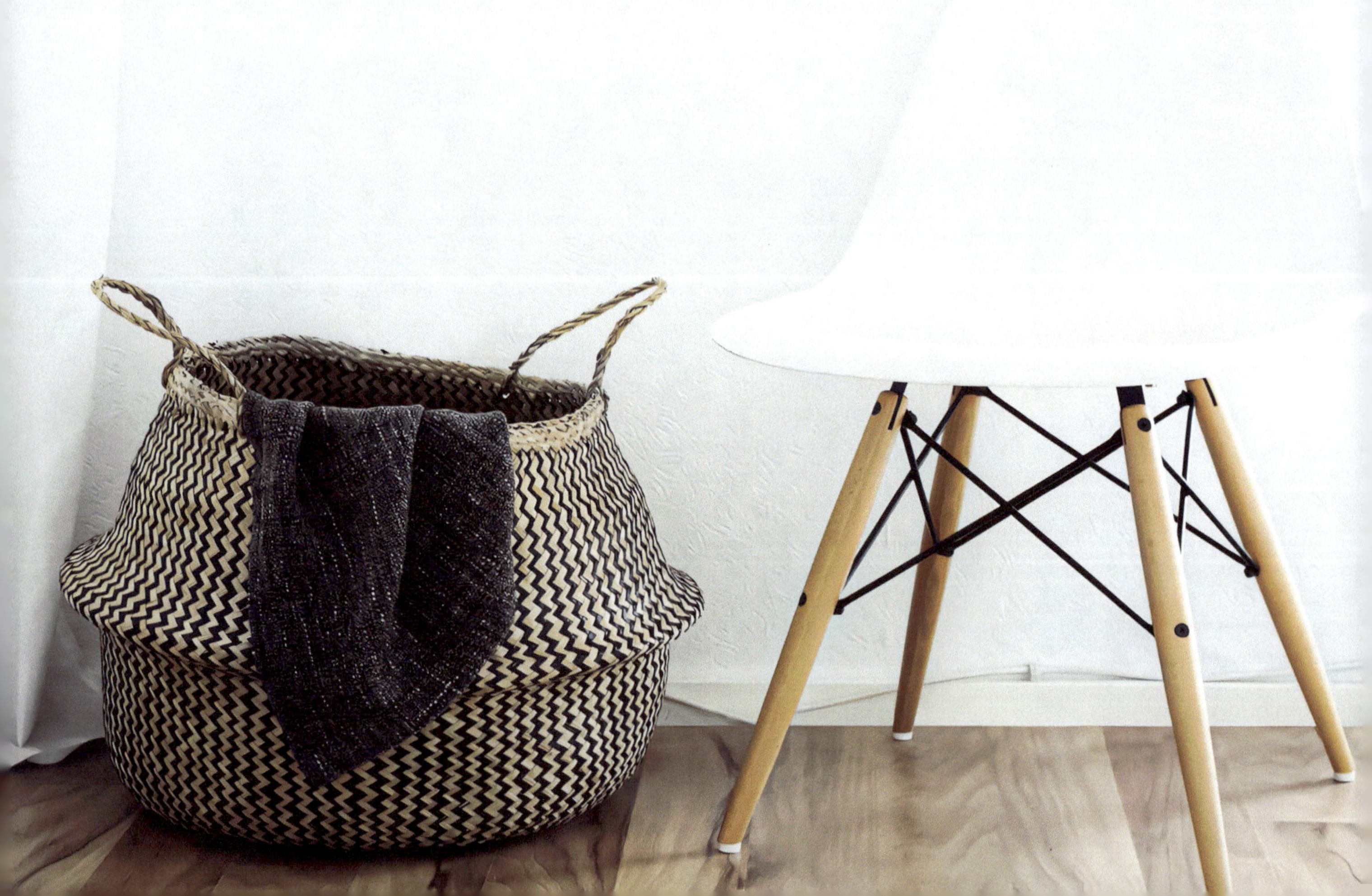

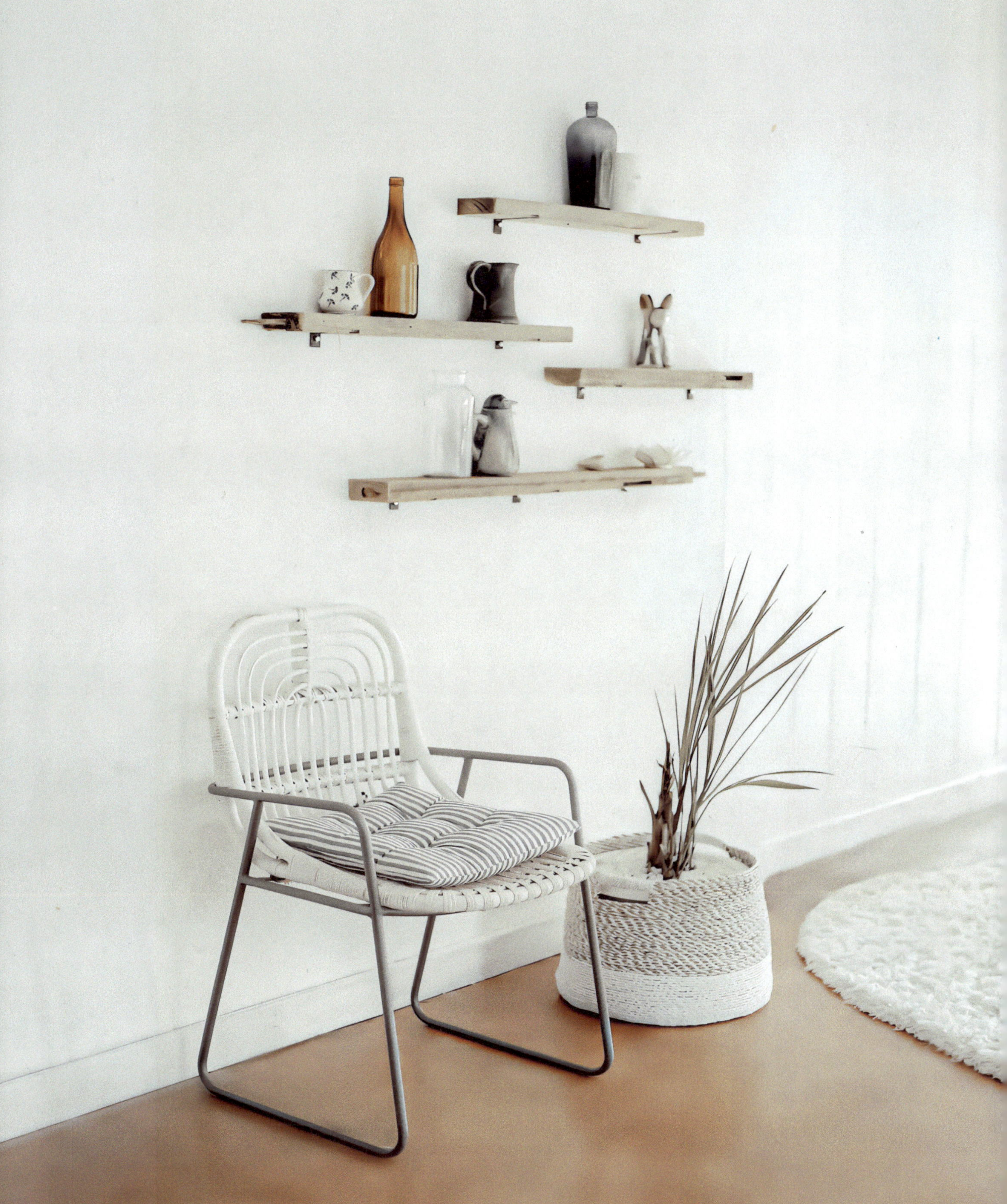

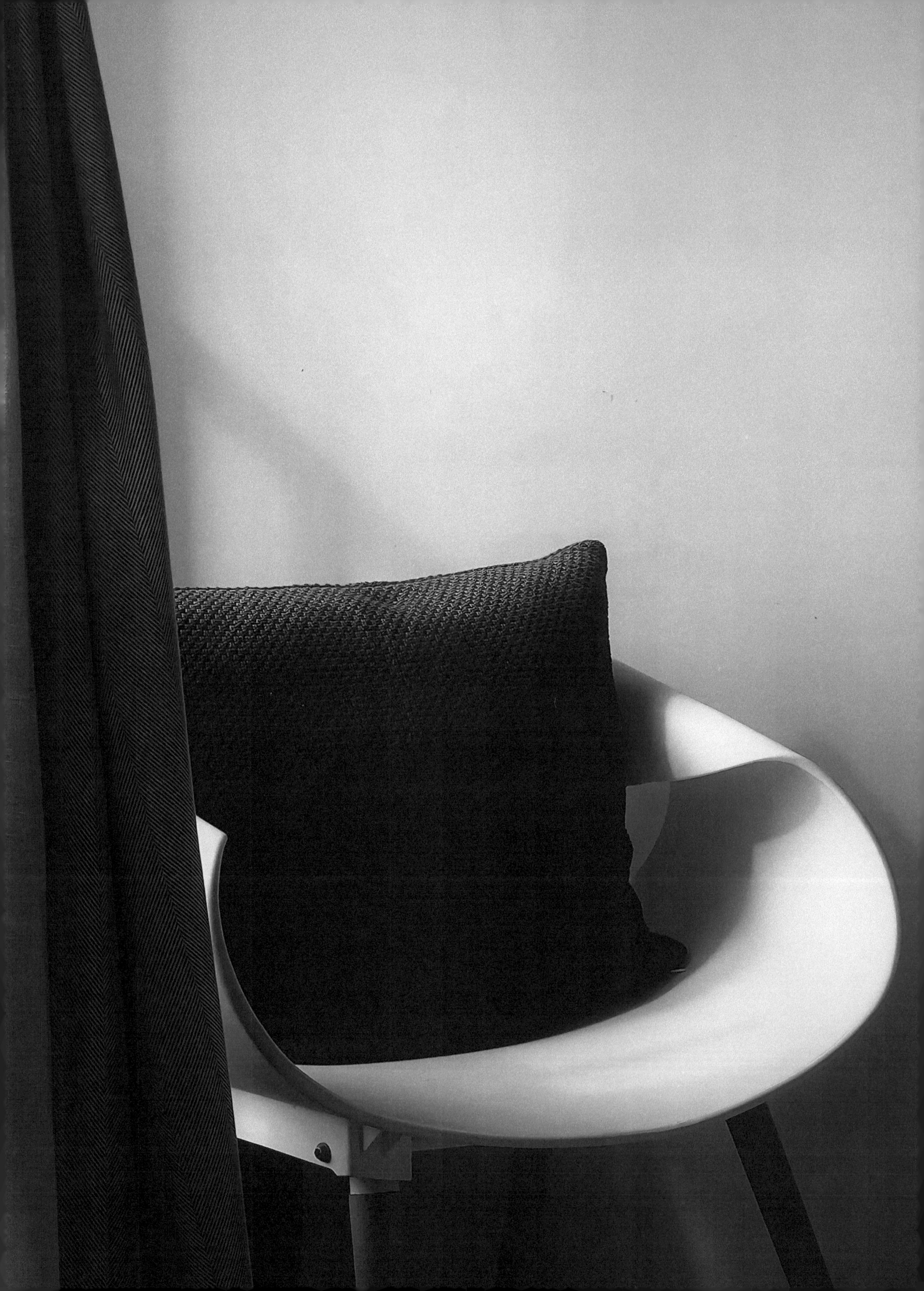

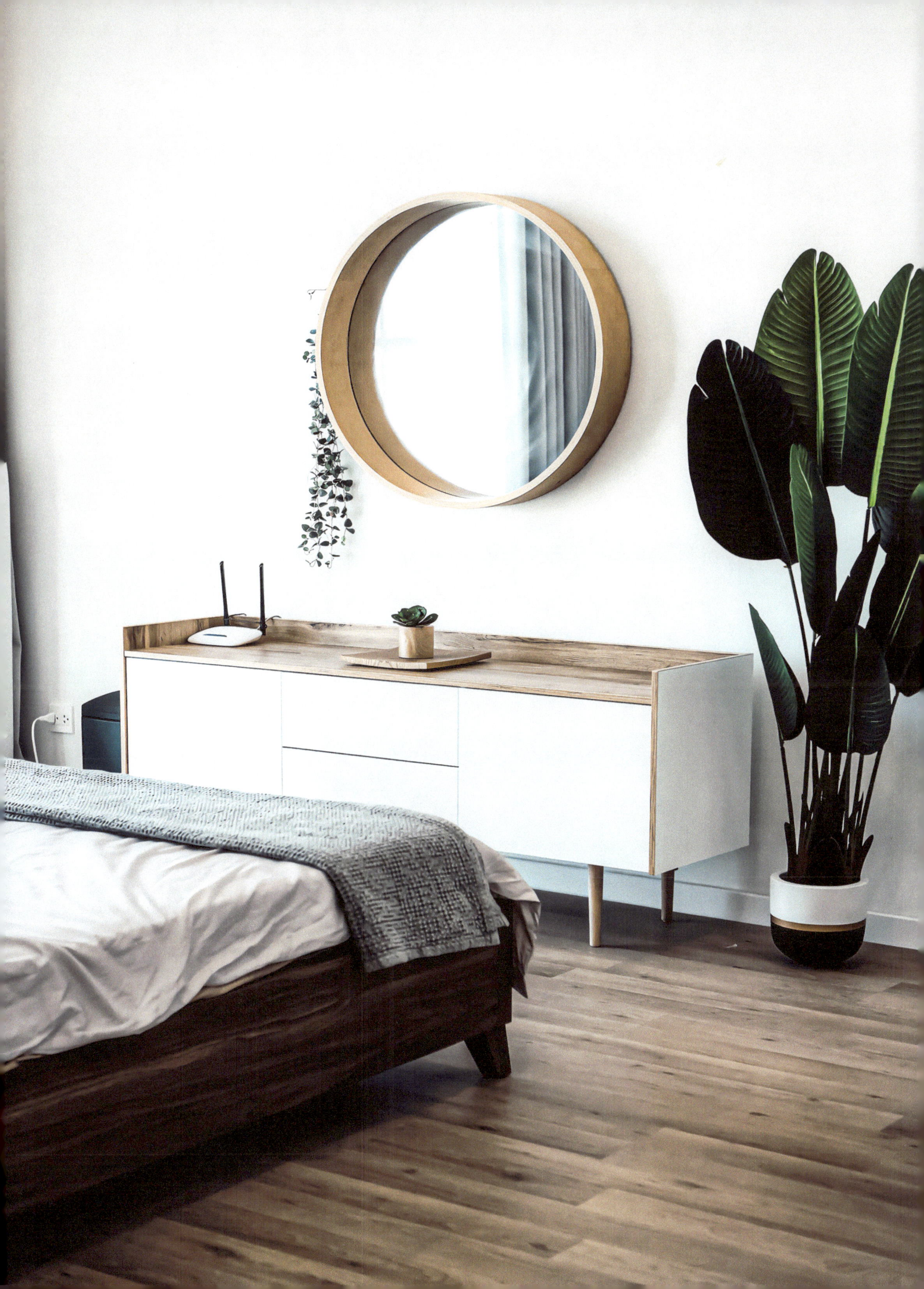

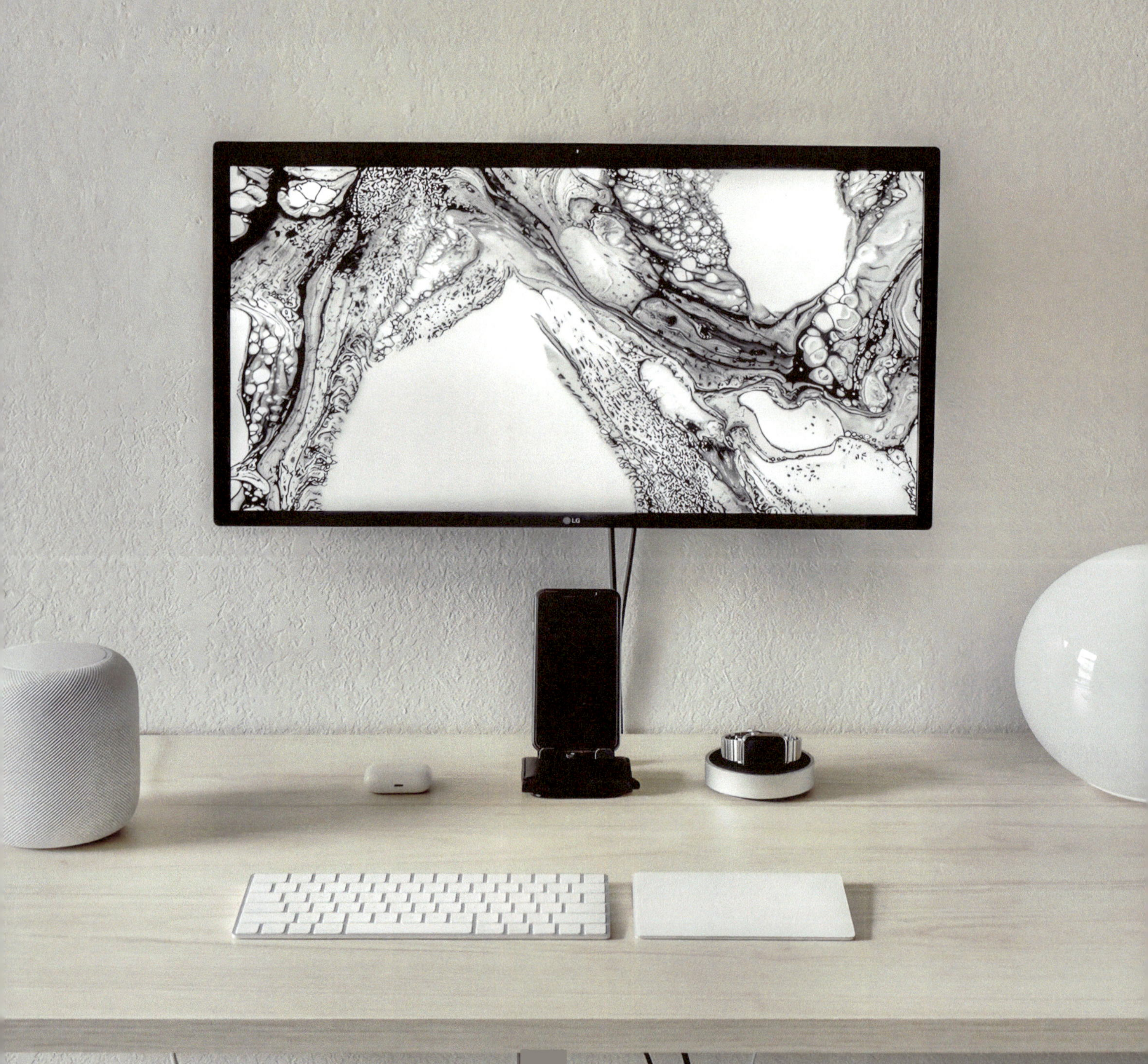

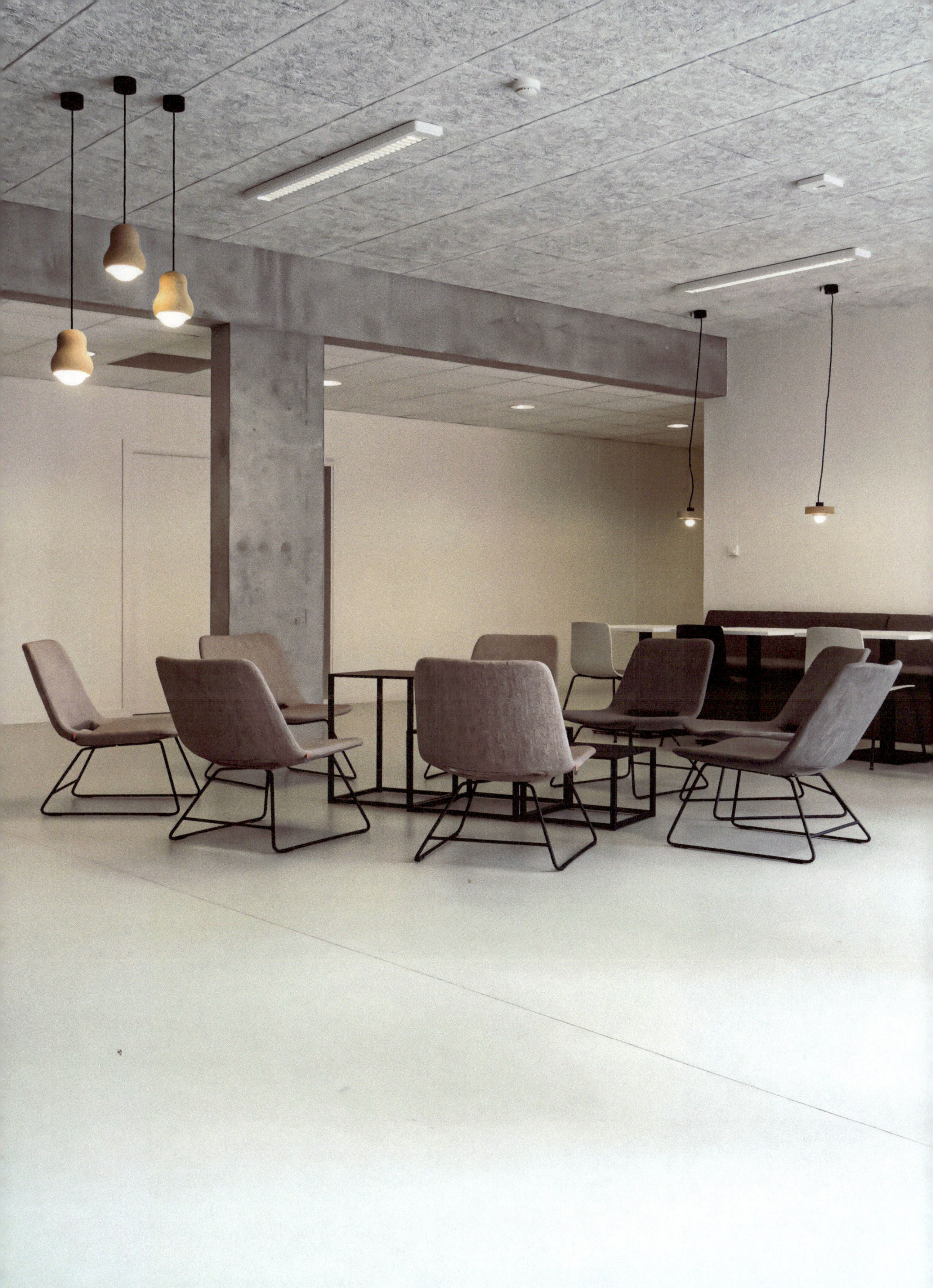

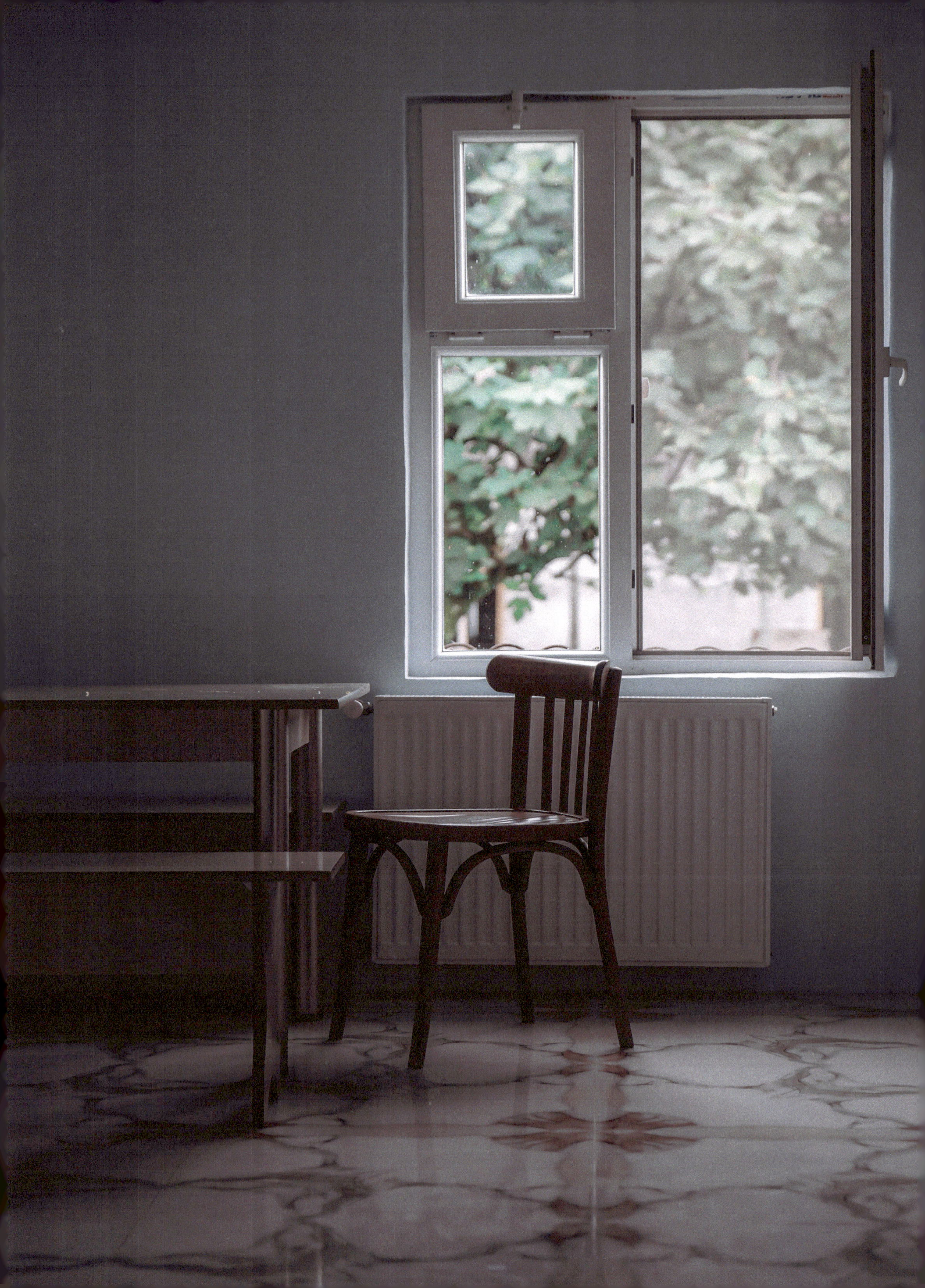

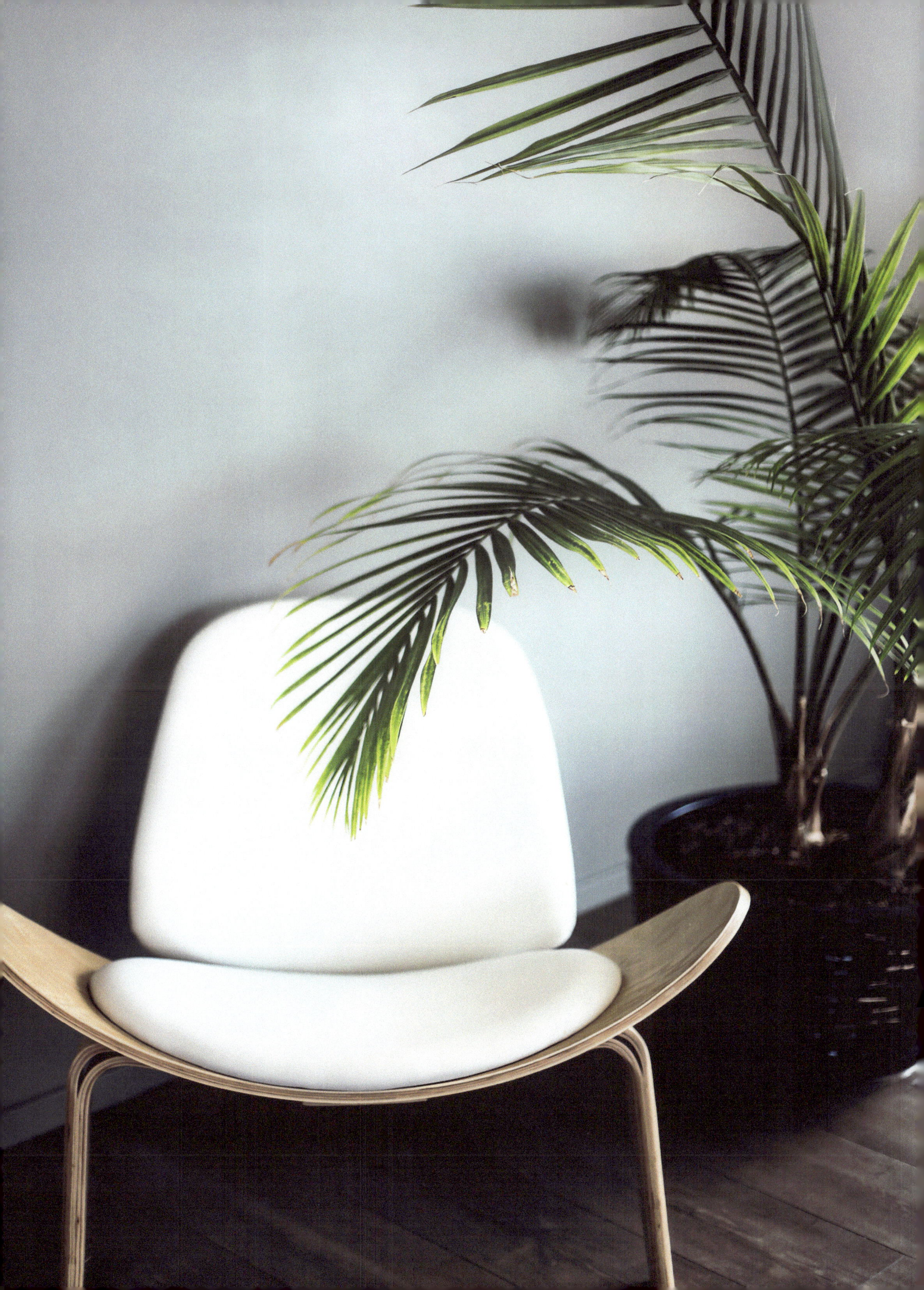

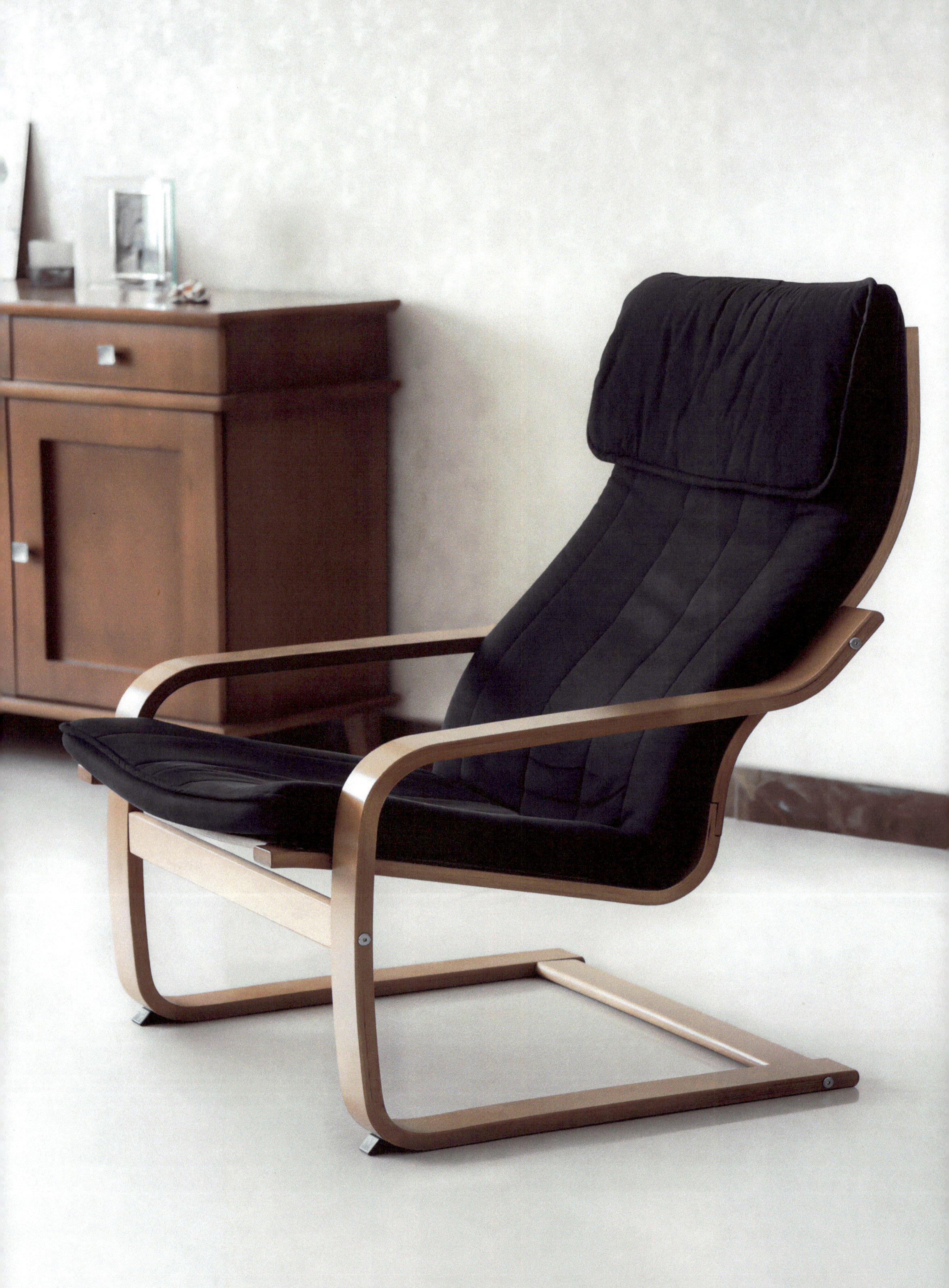

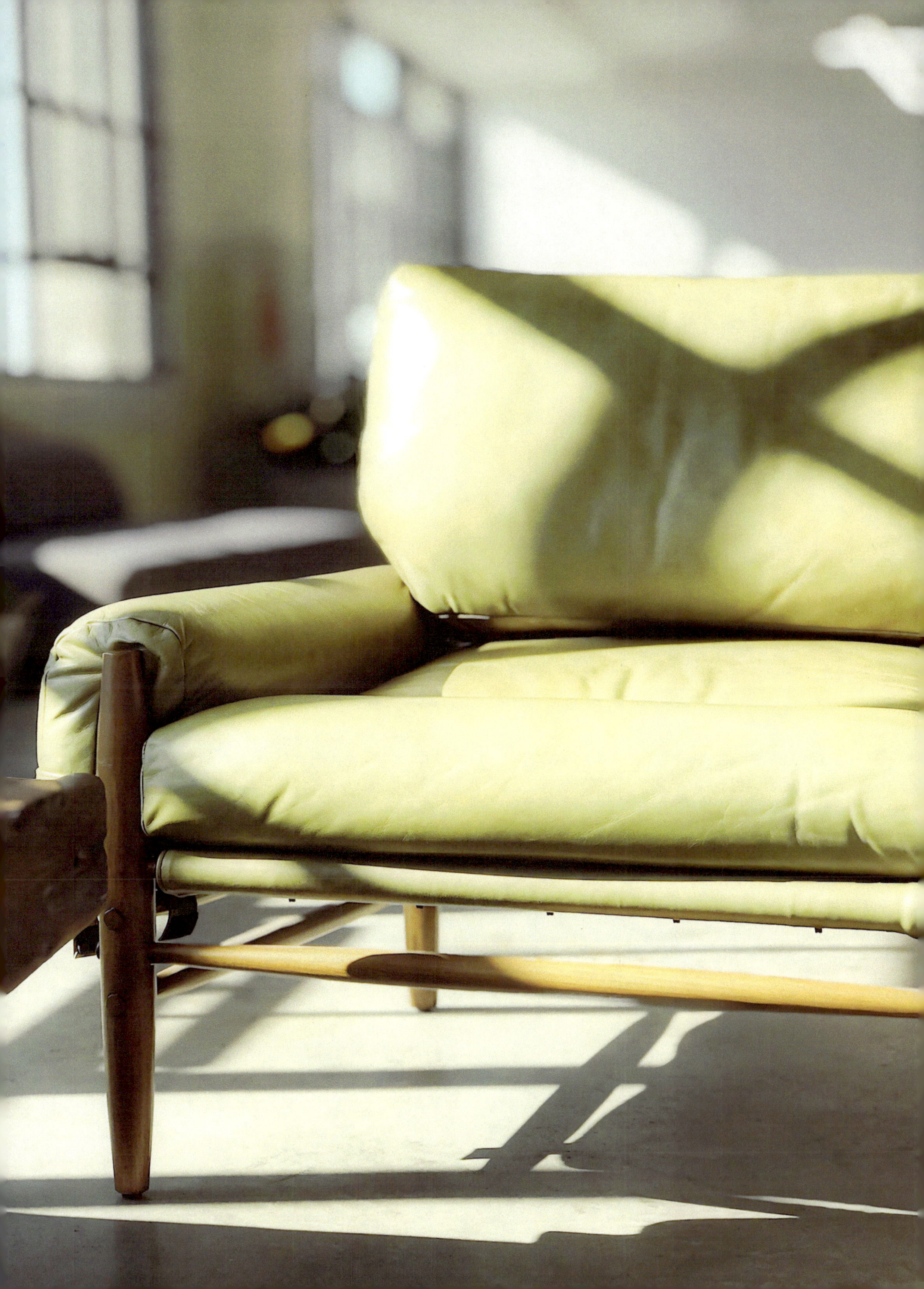

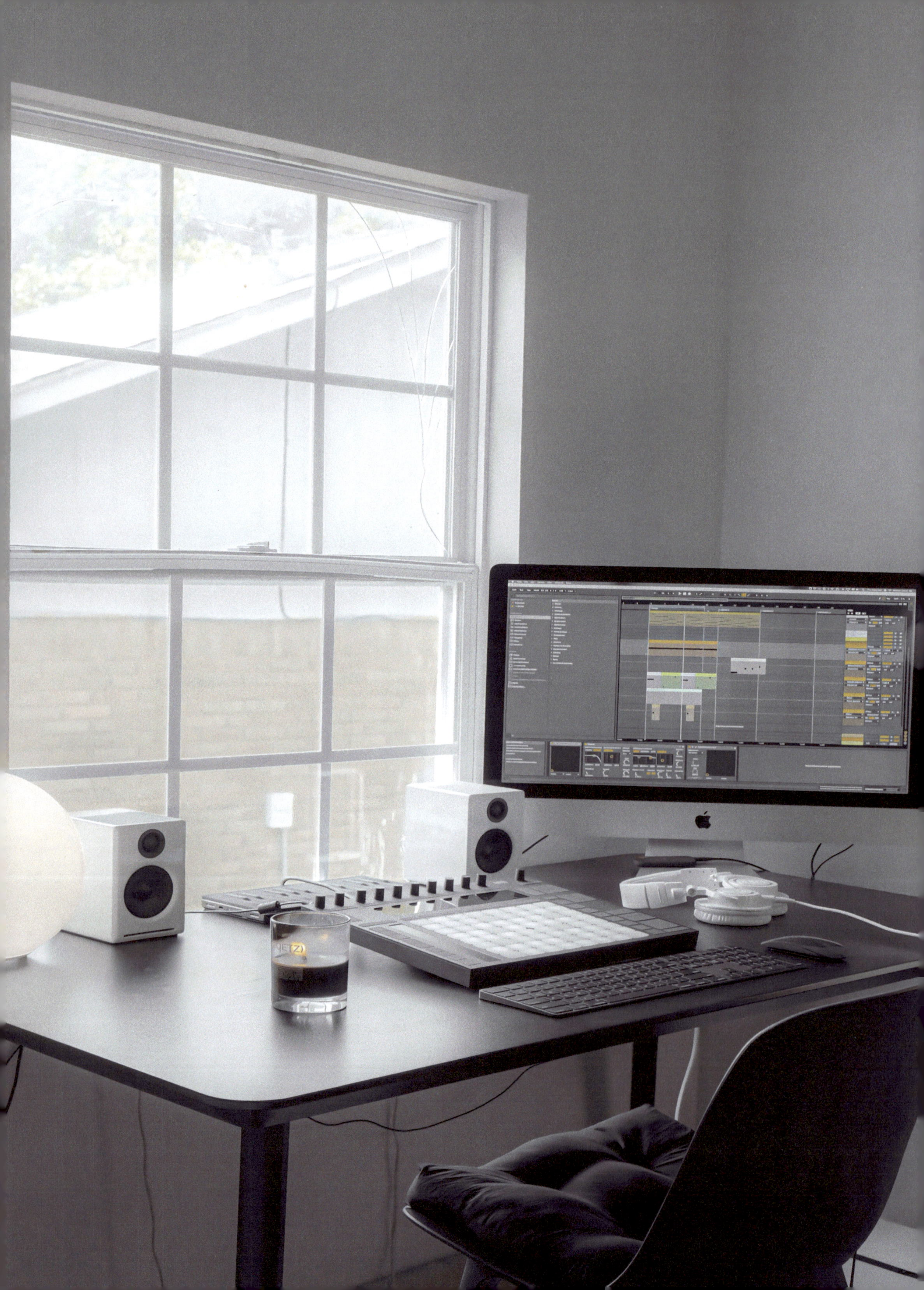

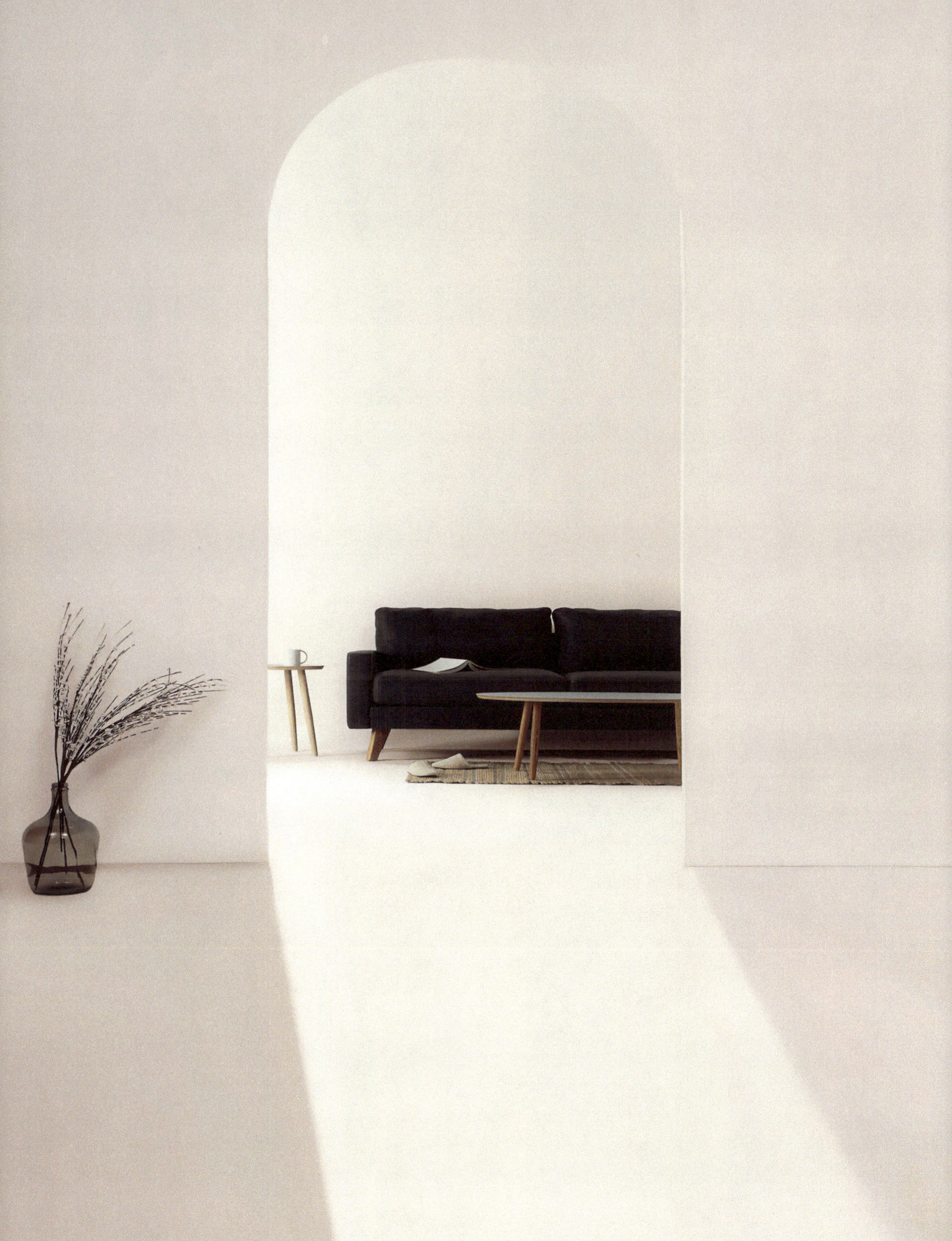

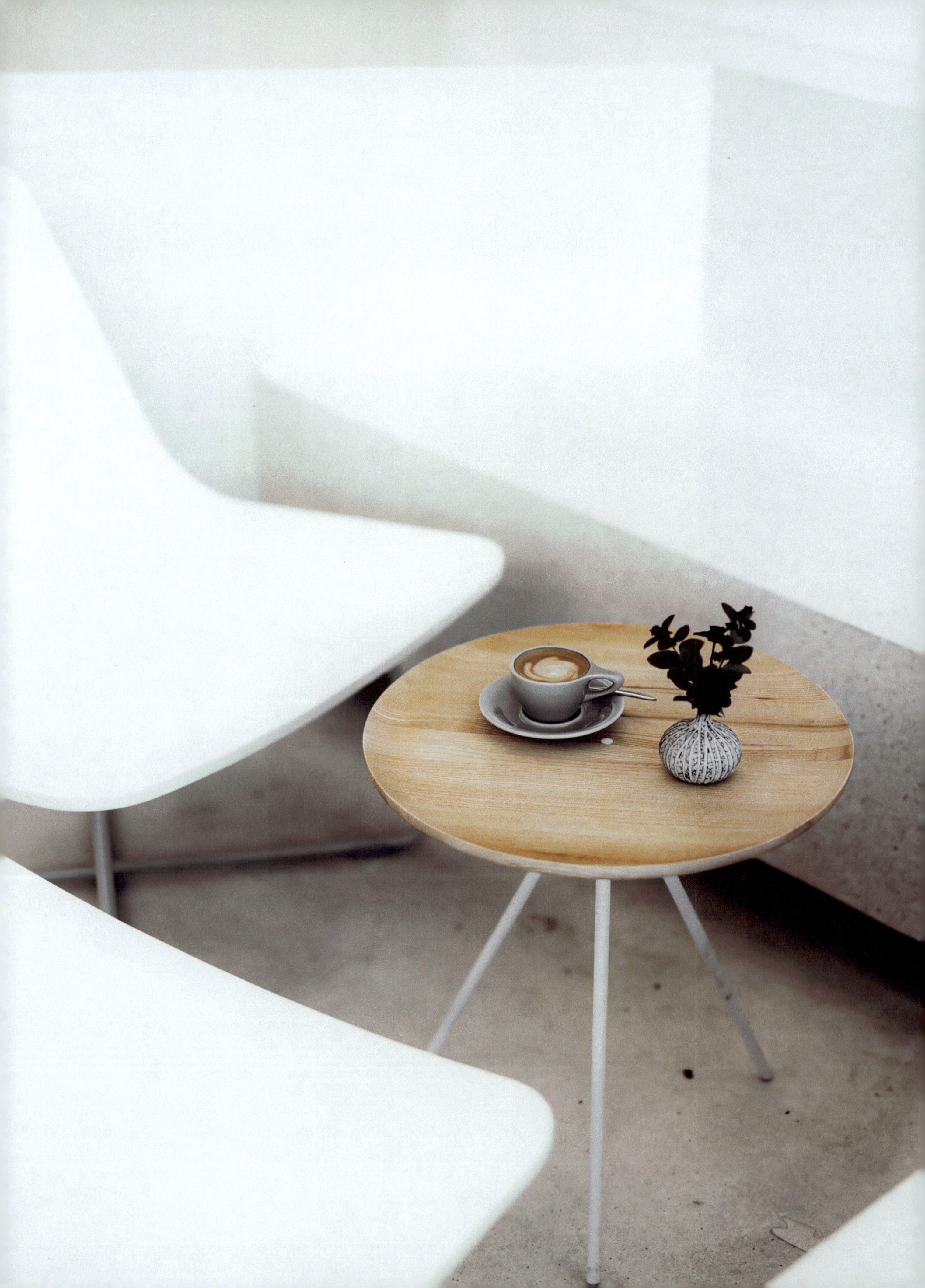

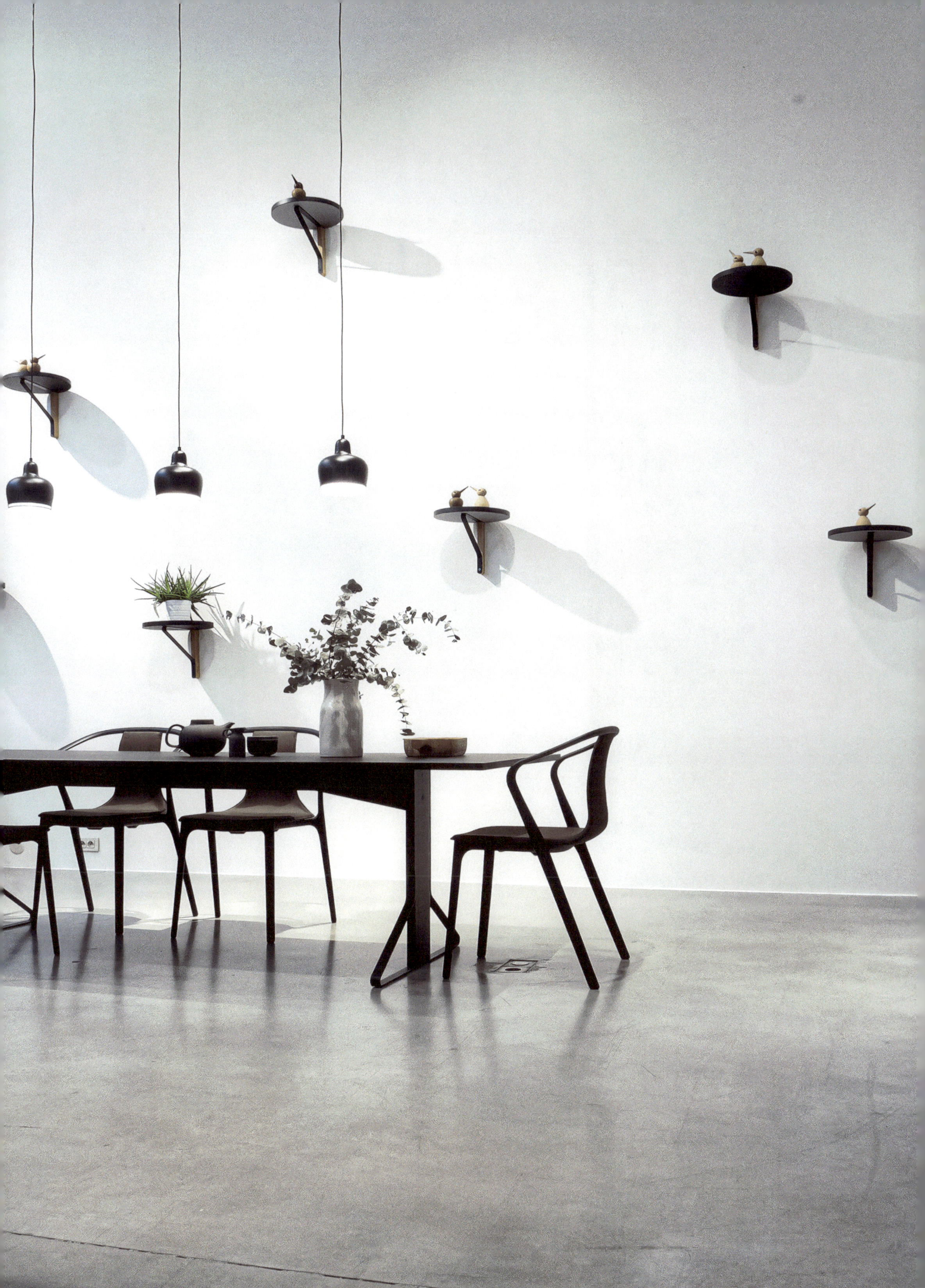

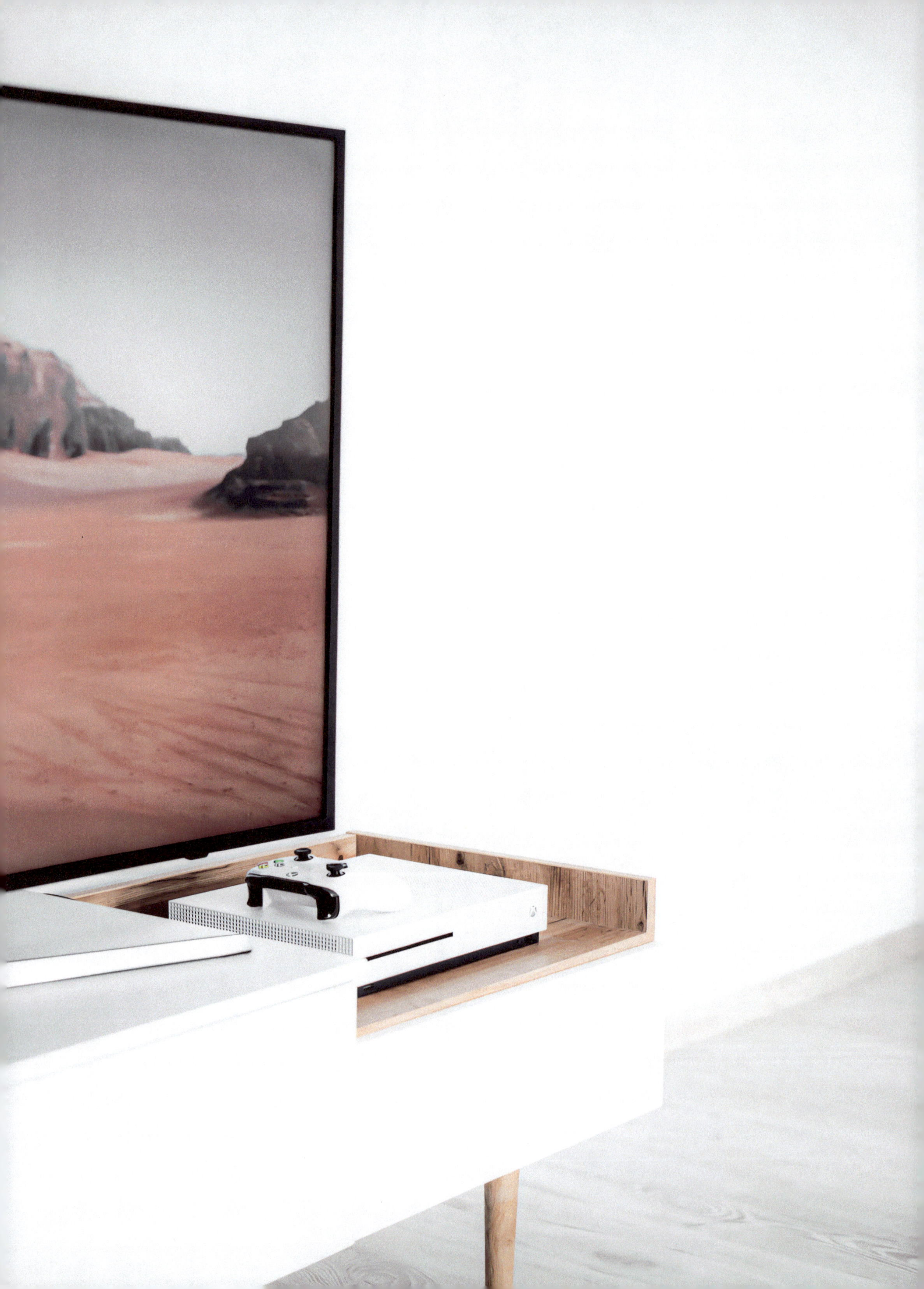

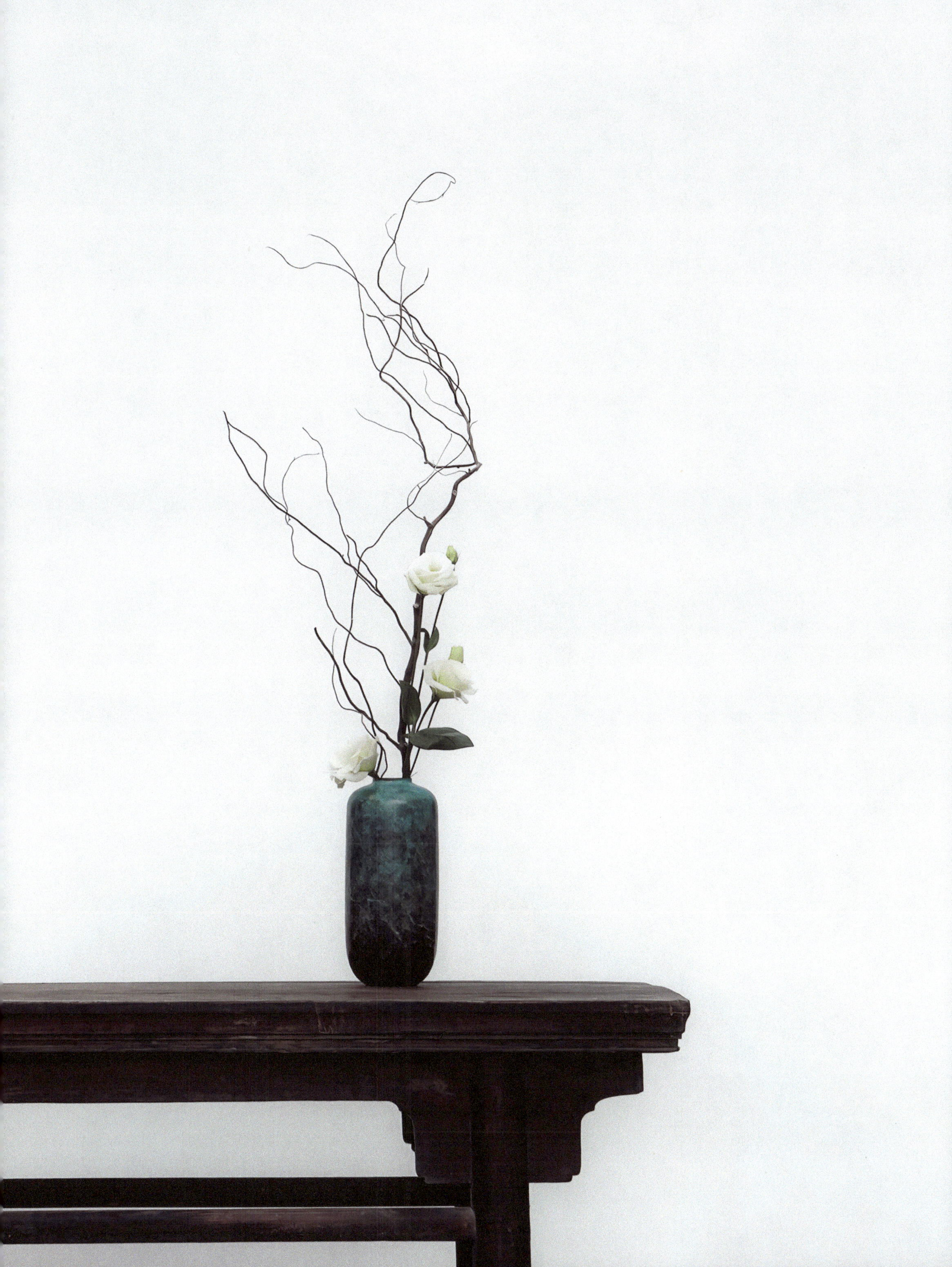

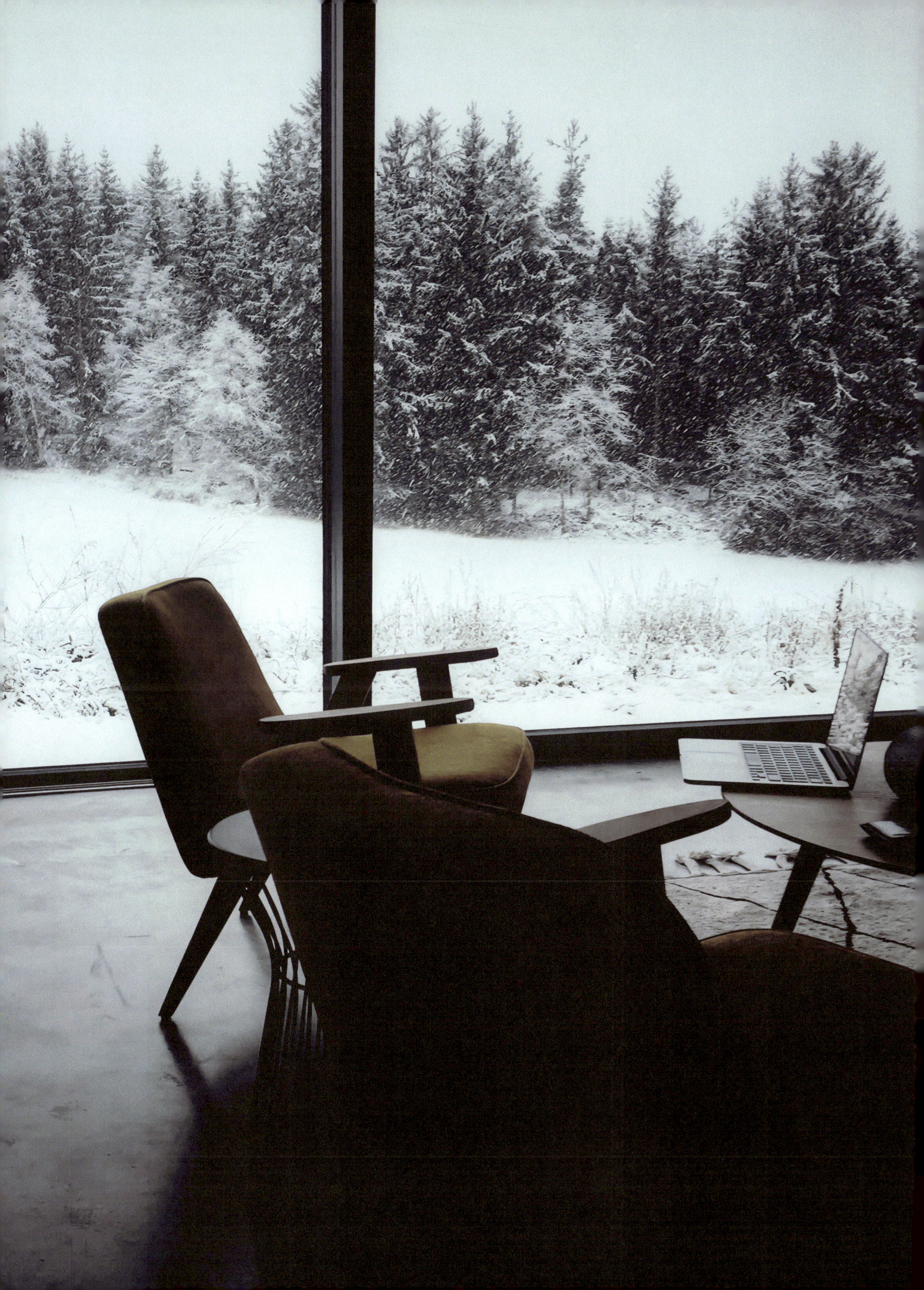

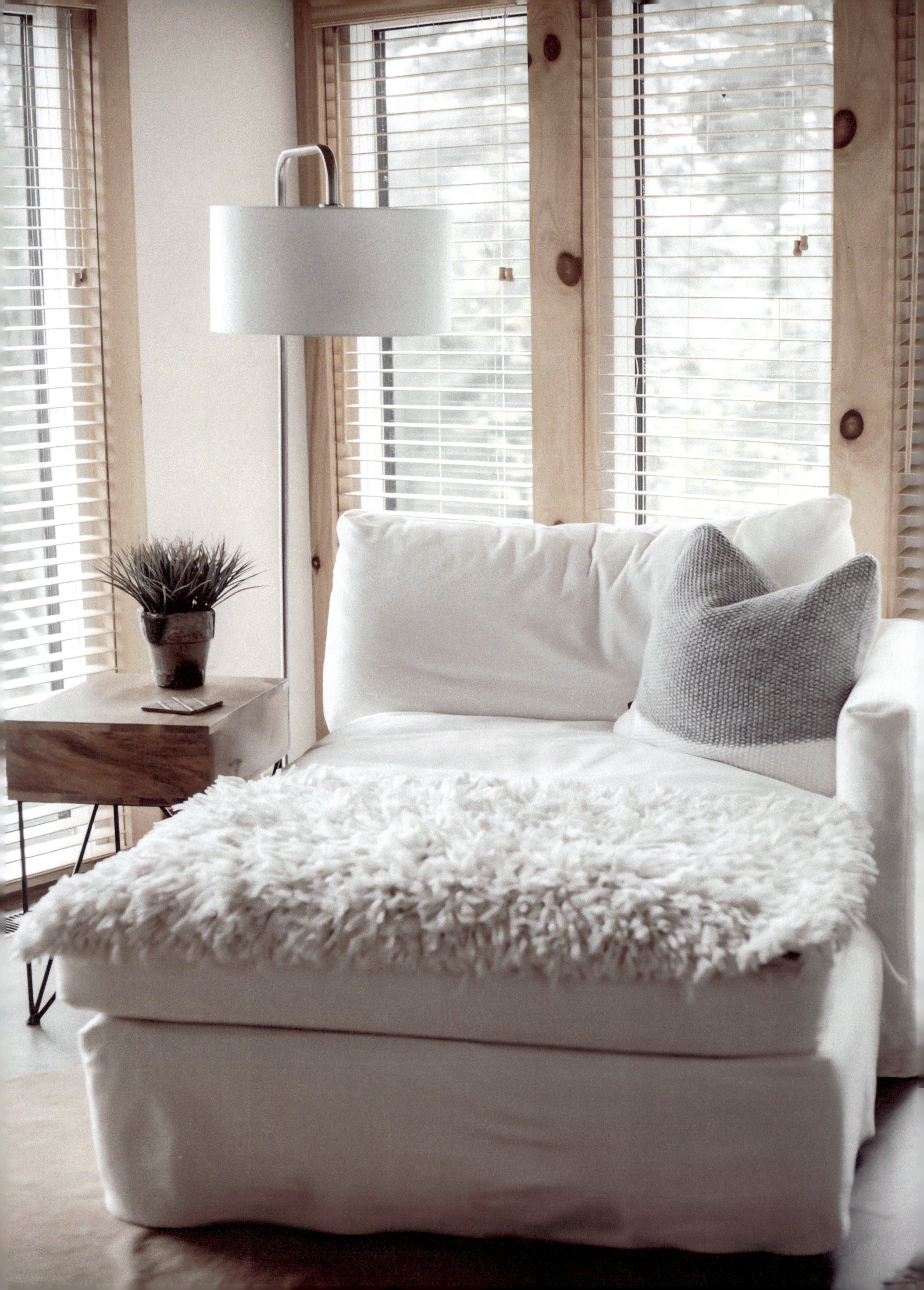

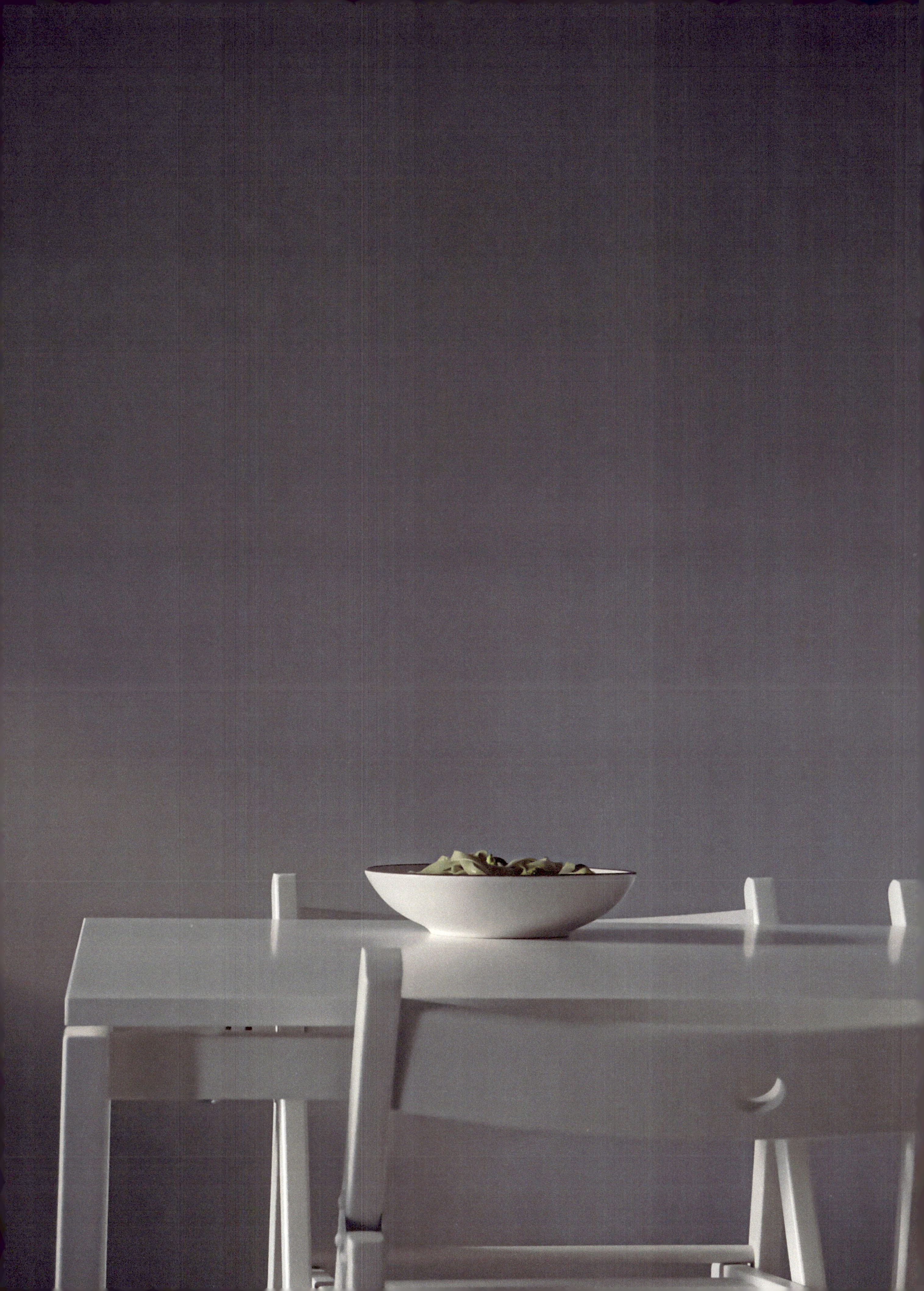

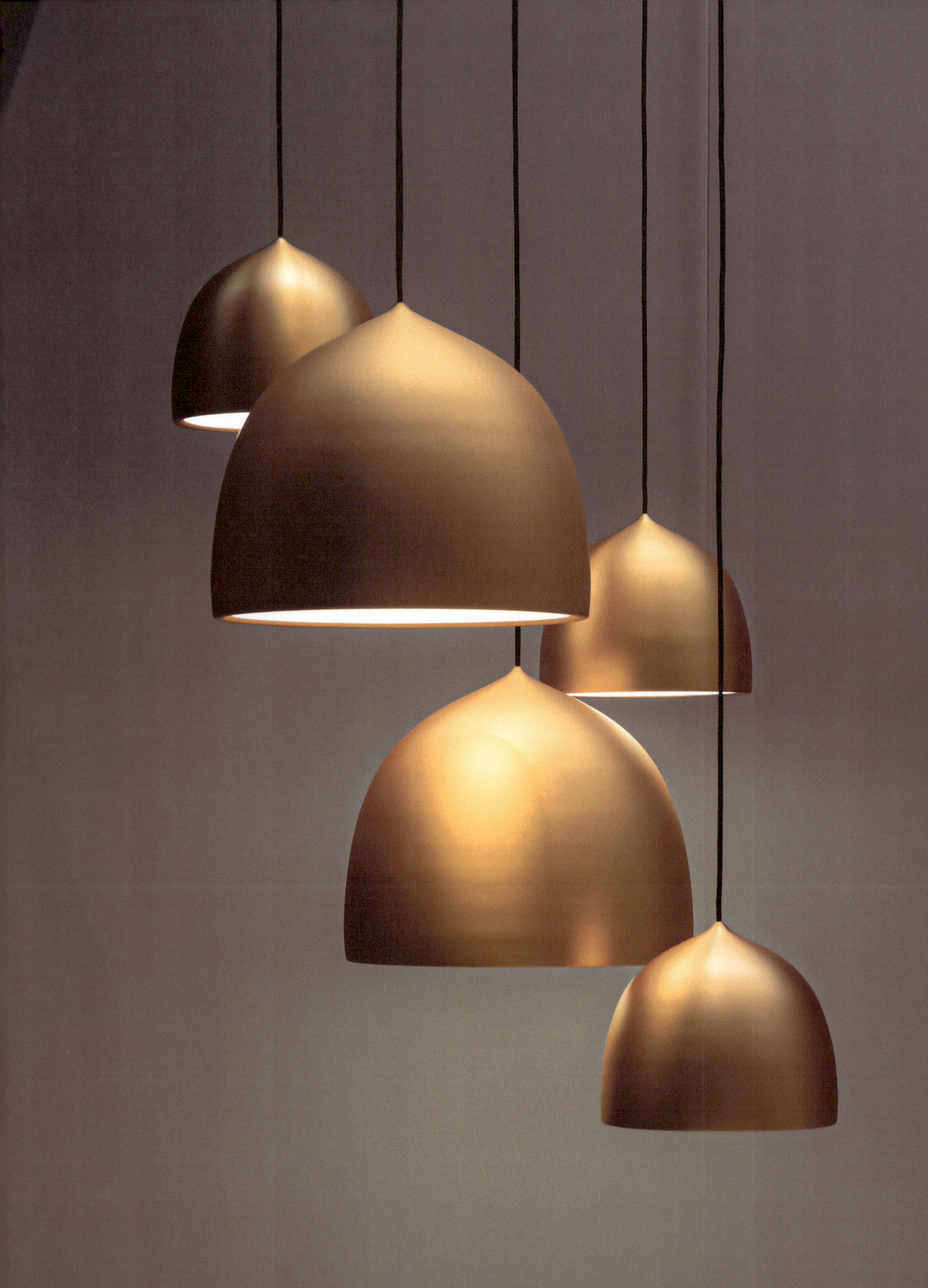

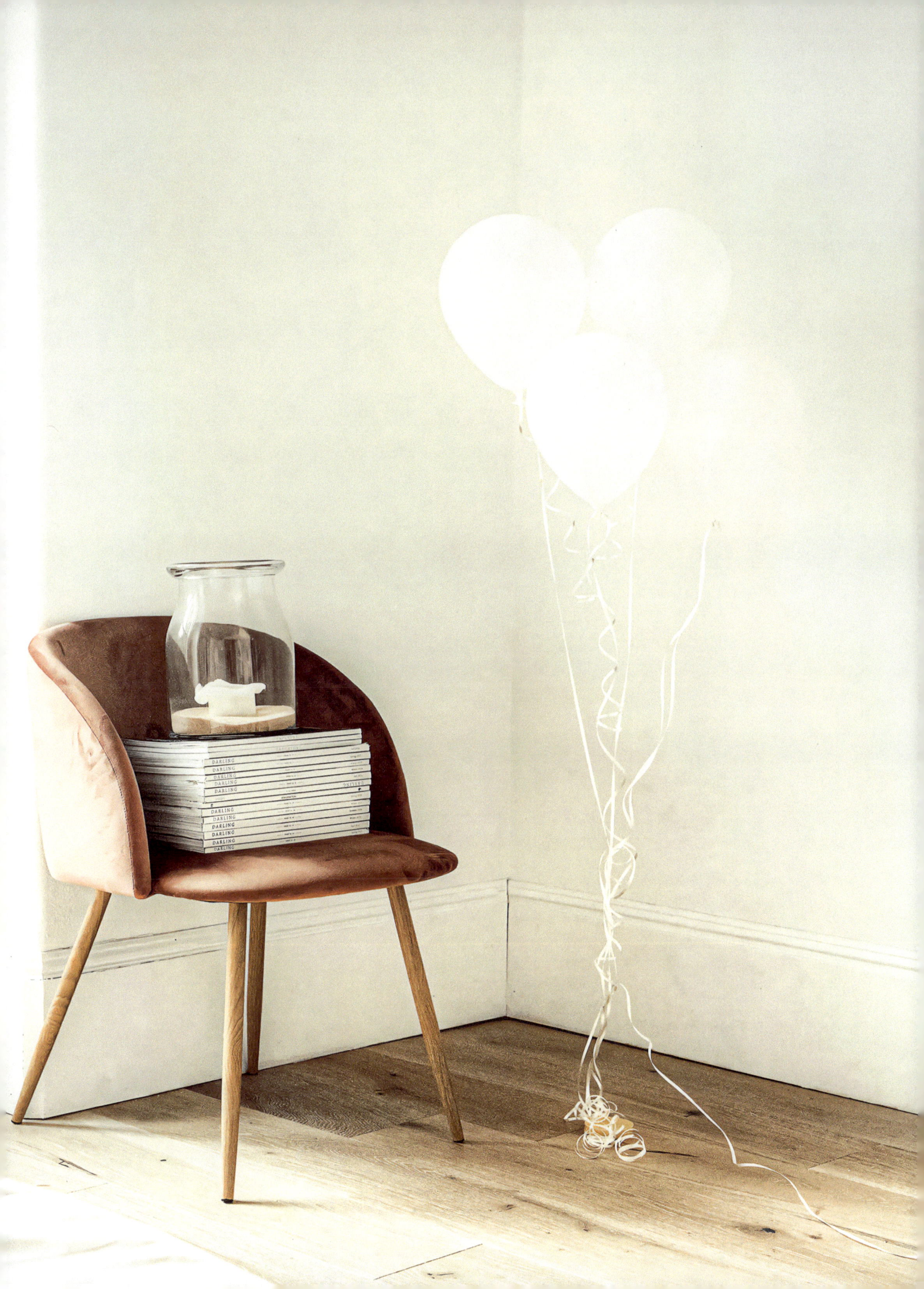

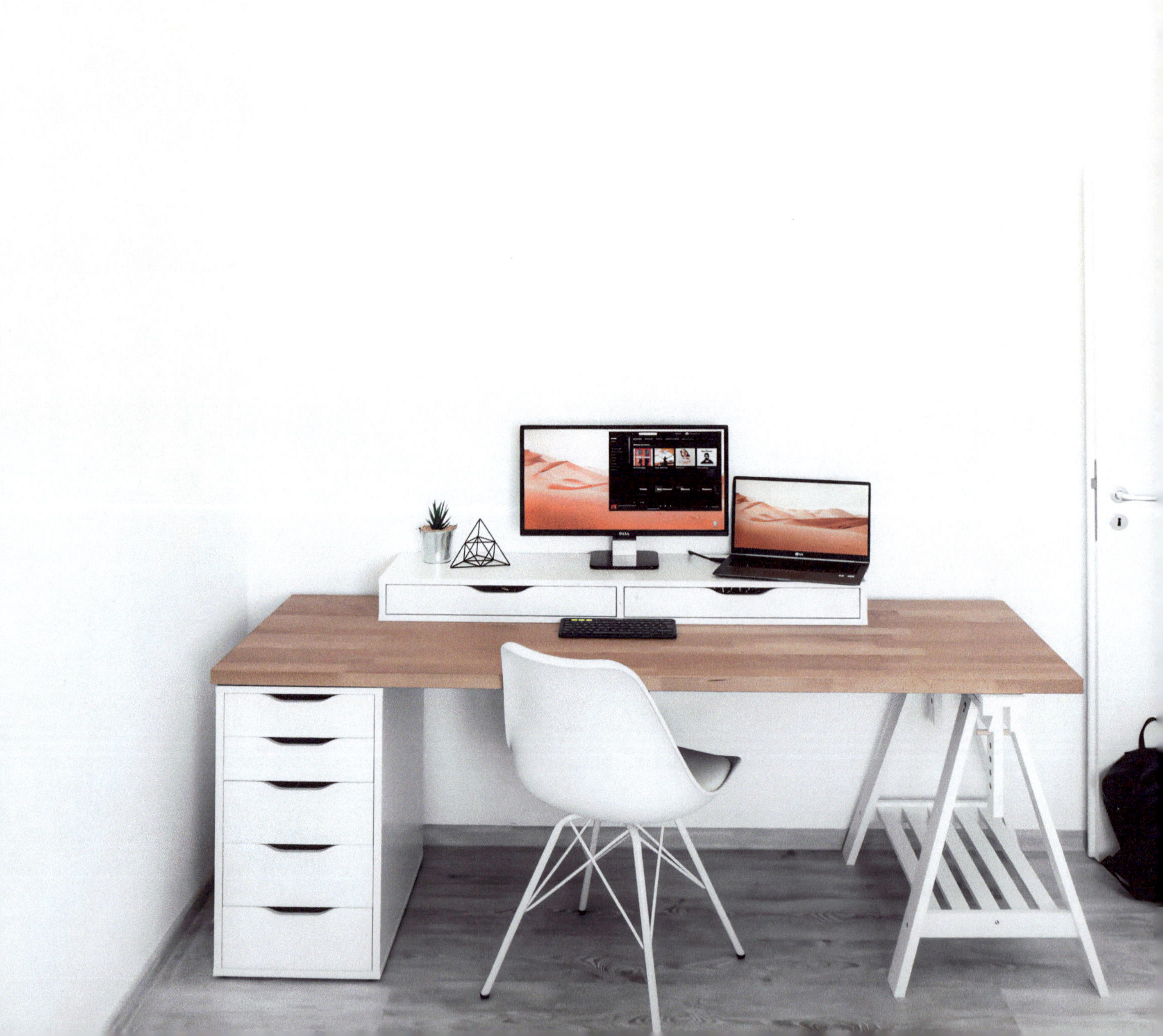

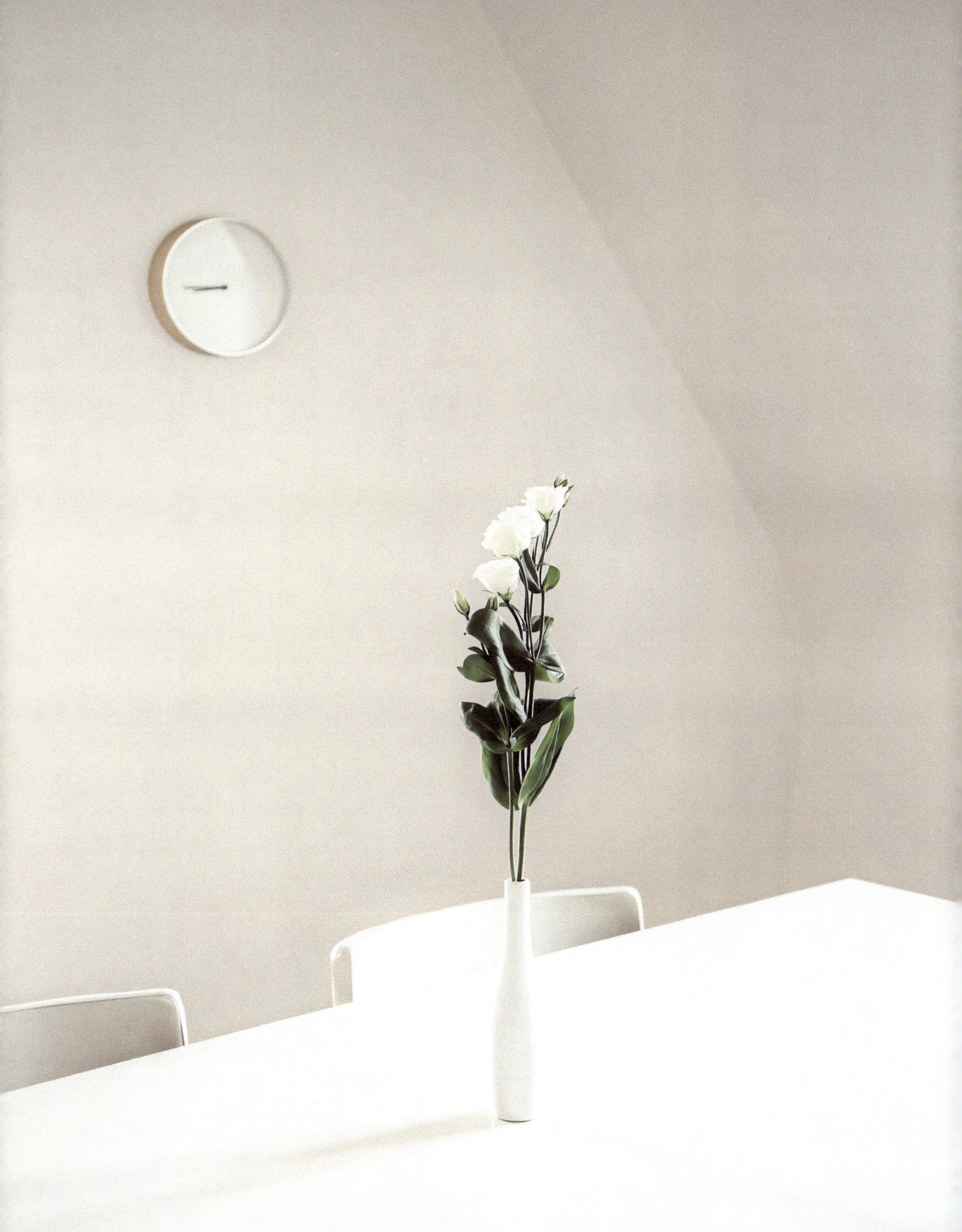

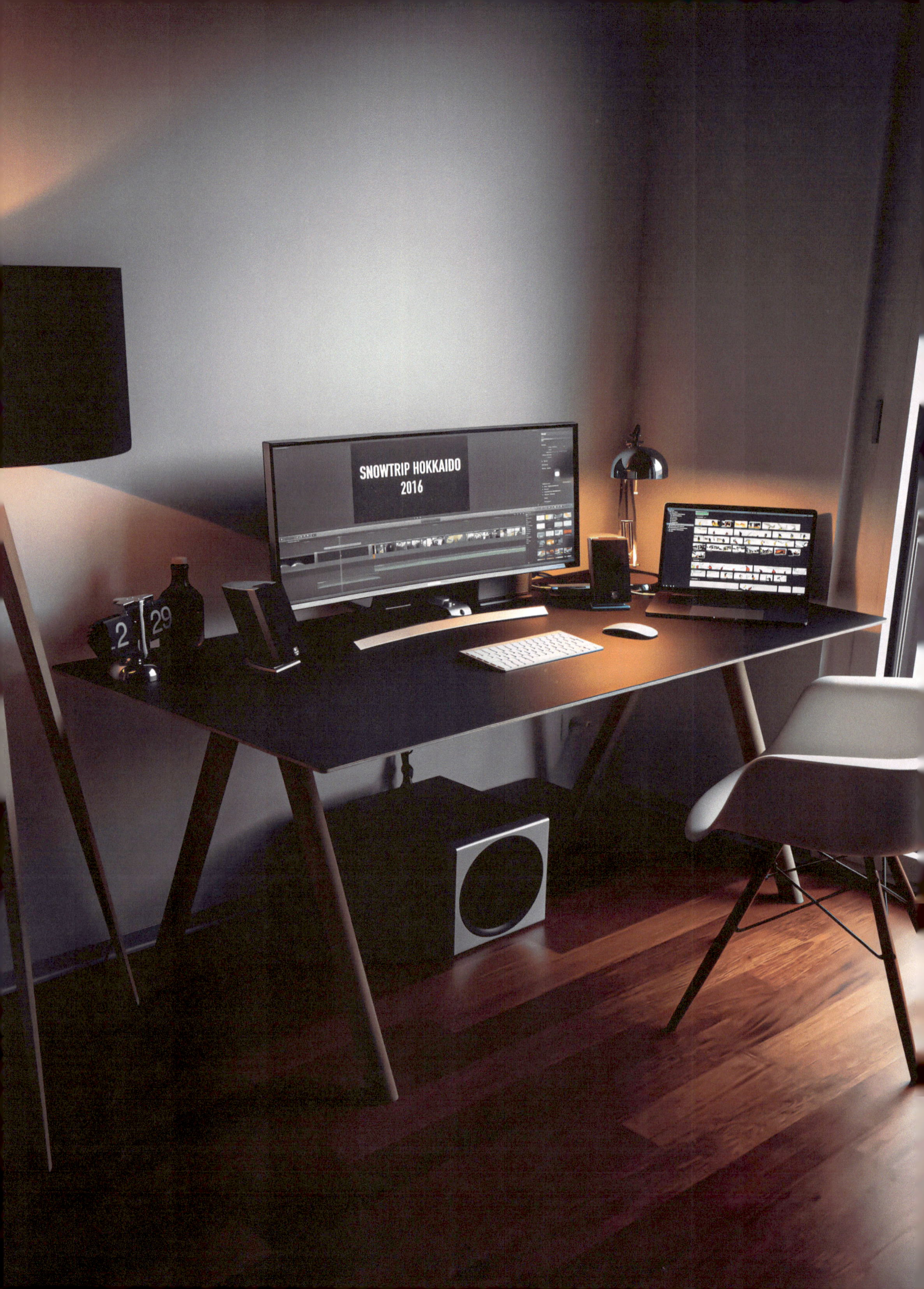

SNOWTRIP HOKKAIDO
2016
29
2

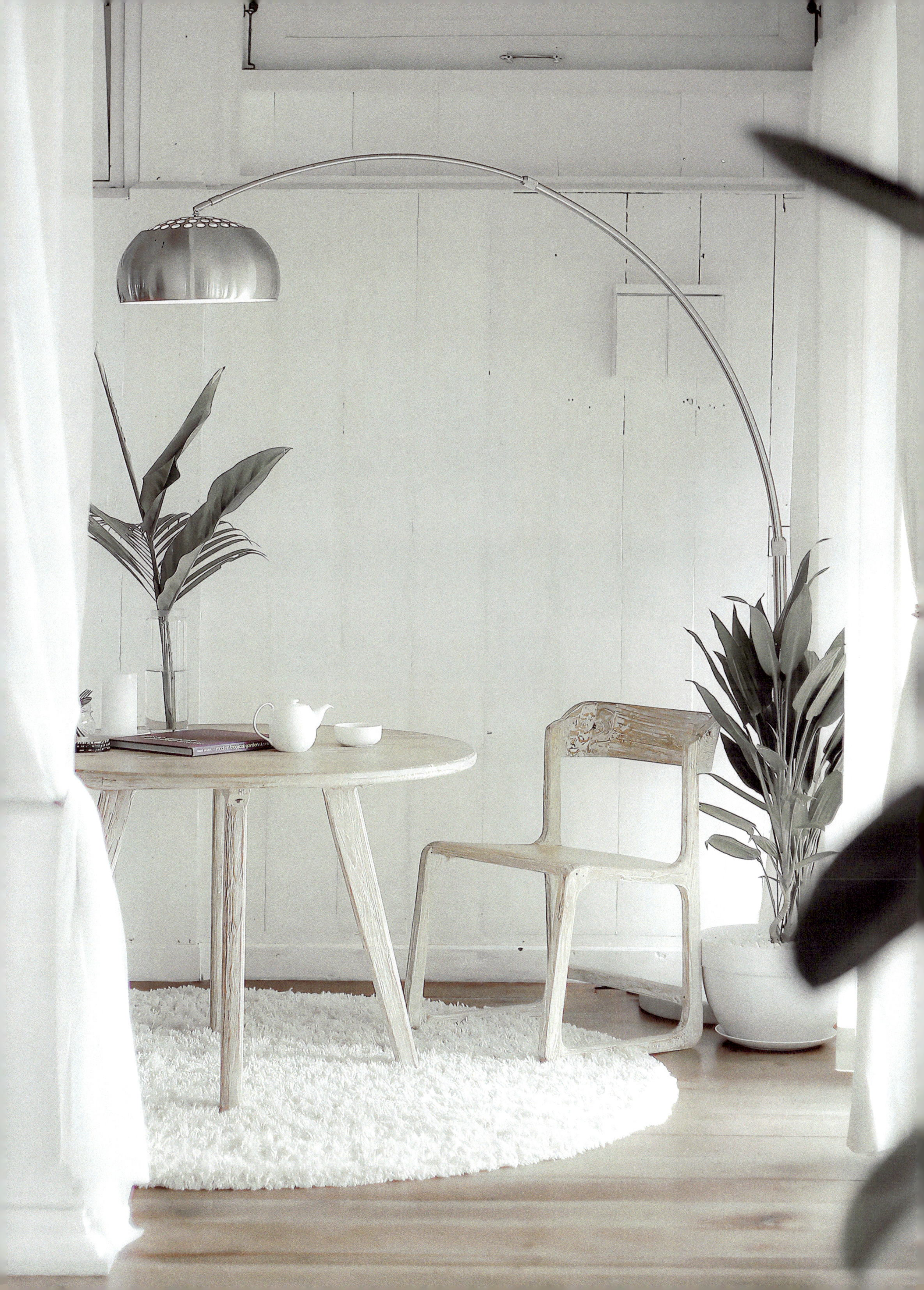

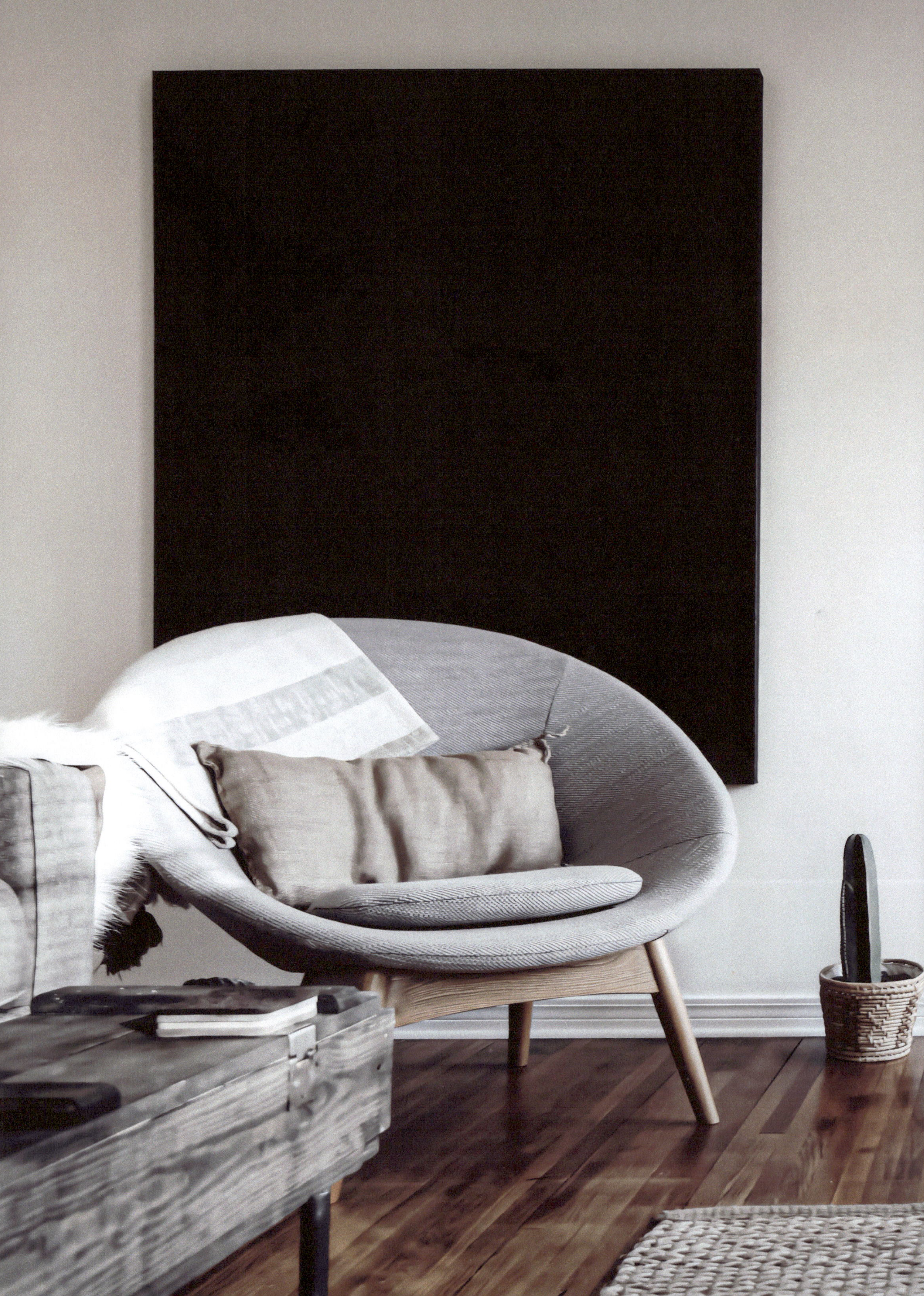